किरन बेदी

कैसे बनी टॉप कॉप

किरन को प्यार से हम किनी दीदी कहते थे। उसका बचपन बाहरी क्रिया-कलापों, खेलों और हमारे साथ मस्ती में गुजरता था। हम पुश्तैनी मकान के पास एक बगीचे में खेलते...

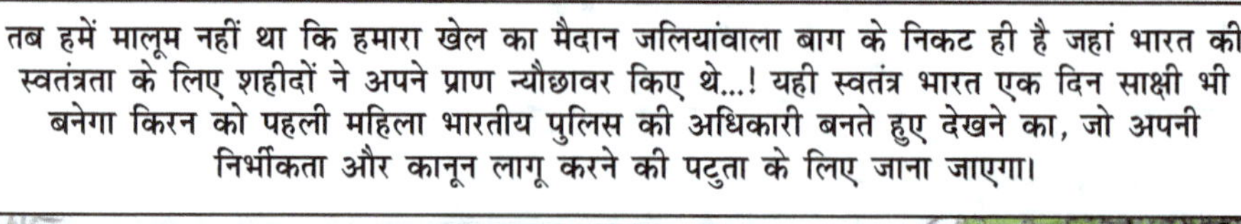

तब हमें मालूम नहीं था कि हमारा खेल का मैदान जलियांवाला बाग के निकट ही है जहां भारत की स्वतंत्रता के लिए शहीदों ने अपने प्राण न्यौछावर किए थे...! यही स्वतंत्र भारत एक दिन साक्षी भी बनेगा किरन को पहली महिला भारतीय पुलिस की अधिकारी बनते हुए देखने का, जो अपनी निर्भीकता और कानून लागू करने की पटुता के लिए जाना जाएगा।

हमारे पड़दादा एक धनी व्यापारी थे, जो 1860 में पेशावर से अमृतसर आए पेशावर तो अब पाकिस्तान में है। पेशावर से आने के कारण ही हमारे परिवार को पेशावरिया कहा जाने लगा।
लाला हरगोविन्द पेशावरिया
मुनीलाल पेशावरिया और प्रीतम कौर
किशनदास अरोड़ा और कृपाल कौर
लाला हरगोविन्द धार्मिक प्रवृत्ति के व्यापारी थे जिन्होंने कई सराएं बनवाईं जिन्हें पेशावरिया धर्मशाला कहा जाता था। उनमें उत्तर भारत के विभिन्न नगरों से आने वाले तीर्थ यात्री ठहरा करते थे।
हमारे मां-बाप प्रकाश लाल और प्रेमलता पेशावरिया
पेशावरिया धर्मशाला
इन सरायों का रखरखाव एक पेशावरिया ट्रस्ट करता है।

हमारे दादाजी, श्री मुनीलाल पेशावरिया विरासत से ही अमृतसर के एक धनाढ्य और प्रभावशाली व्यापारी थे। उनकी शहर में काफी धन-संपदा और व्यापारिक उद्यम थे।
SERVICE CLUB AMRITSAR
वह अमृतसर के चोटी के क्लबों के सदस्य थे। उन्होंने ने क्लब जाने की अनुमति अपने चार बेटों में से सिर्फ एक हमारे पिताजी को ही दी।
वह नहीं समझता कि मेरे तीन स्कूल जाने वाले बच्चे हैं।
प्रकाश! यह लो तुम अपने महीने के खर्च की रकम।
हमारे दादा जी का तर्क था कि जो वह देते हैं वह इसलिए काफी है क्योंकि खाने-पीने के और क्लब के बिलों का तो भुगतान वे अलग से देते ही थे।
शिक्षित होने के बावजूद उनका बर्ताव सामन्तशाही और सब पर अधिकार रखने वाला था। वह यह सुनिश्चित करते थे कि इस थोड़े से महीने के खर्चे में मेरे पिता उनके लिए काम करते रहेंगे।

हमारे दूर अन्देश मां-बाप ने हमें पढ़ाई के लिए सैक्रेड हार्ट कॉन्वेन्ट स्कूल में ही भेजना सही समझा। यह स्कूल हमारे घर से 14 किलोमीटर दूर था जो सर्वोत्तम पर सबसे महंगा स्कूल माना जाता था।

जब हम बड़े हुए तो हमारा जेब खर्च भत्ता हमारी फीस के भुगतान के लिए नाकाफी पड़ने लगा।

इस बार भी तुम्हारी फीस विलम्ब से आ रही है।

सिस्टर, मैं अगले महीने जरूर जमा कर दूंगी।

बढ़ते खर्चों से परेशान होते हमारे डैडी को देखकर दादाजी ने एक दिन उनसे कहा:

प्रकाश:
हमारे घर के पड़ोस में ही एक मुफ्त स्कूल है। तुम अपनी लड़कियों को वहां क्यों नहीं भेजते। अरे...उनकी शादी में दहेज में देने के लिए तो परिवार के पास काफी संपदा है।

पापाजी:
अभी तक आप मेरे लिए सारे फैसले करते थे और मैं उन्हें मानता रहा हूं। पर मैं आपको मेरी लड़कियों के बारे में यह फैसले नहीं करने दूंगा।

तो फिर तुम अपना खर्चा खुद ही संभालो। मैं तुम्हें कोई आर्थिक मदद नहीं दूंगा।

प्रेम! जीवन में पहली बार आज मैंने अपने पिता की बात न मानने का साहस दिखाया। मेरी लड़कियों की परवरिश अलग तरीके से होगी।

चाहे कुछ भी हो, लड़कियों की पढ़ाई के मामले में कोई समझौता नहीं करूंगी। मैं चाहती हूं कि मेरी लड़कियां देने वाली बनें- सहायता लेने वाली नहीं।

उसके बाद हमारे पिताजी बीमा का काम करने लगे। हमारे नाना-नानी ने हमारी स्कूल की फीस देना शुरू किया। कुछ समय बाद हमारे मां-बाप को वसीयत में पारिवारिक संपदा का काफी बड़ा हिस्सा मिला।

किरन में नेतृत्व के गुण काफी पहले से दिखाई देने लगे। वह मेहनती और जोशीली थी इसलिए शिक्षकों की वह प्रिय बन जाती।
हे प्रभु! मुझे ऐसा बनाओ कि मेरे मां-बाप मुझ पर गर्व कर सकें।
चाहे कड़ी धूप हो या वर्षा, पिताजी हमें साइकिल पर रोज स्कूल ले जाते। हमें और खास तौर पर किरन की समझ में आने लगा था कि हमें अच्छे मौके उपलब्ध कराने के लिए हमारे मां-बाप कितनी कुर्बानियां दे रहे हैं।
मैं कभी उनके पसीने की एक बूंद भी व्यर्थ नहीं जाने दूंगी।

स्कूल के बाद टेनिस क्लब जाने के लिए रोज ही हमें सवारी की तलाश रहती जो लगभग 7 किमी दूर था फिर चाहे किसी मित्र से लिफ्ट लेनी हो या बस पकड़नी हो, हम बहनें हर तरह से कोशिश करतीं।
हमारे लिए कई काम एक साथ करने का हुनर भी थी पैदा करना जरूरी था - 24 घंटों में ही हमें स्कूल भी जाना था, अच्छा विद्यार्थी भी होना था और प्रतिस्पर्धापूर्ण टेनिस में जौहर दिखाना भी सीखना था।
चाहे अपना होमवर्क पूरा करना हो या टेनिस कोर्ट में अपनी बारी की प्रतीक्षा करनी हो...
या घर वापस आते हुए छेड़-छाड़ करने वालों से निबटना हो। हम कम आयु में ही मजबूत और आत्म-निर्भर होना सीखने लगे। हमारी परवरिश में वास्तव में कोई बन्दिश नहीं थी।

रात्रि का भोजन सिर्फ हमारी मां द्वारा बनाएं गए स्वादिष्ट व्यंजनों का स्वाद लेने का ही जरिया नहीं था...

हम दिन भर की बातें आपस में एक दूसरे को बताते और मजा लेते थे।

हम सभी घर के काम में एक दूसरे का हाथ बंटाते...चाहे पौंछा लगाना ही हो...

या डैडी की बाइक की सफाई करनी हो।

पोषण सिर्फ भोजन तक ही सीमित नहीं था...
किरन को याद है कि कभी-कभी हमारे पिता बत्तियां बंद हो जाने के बाद भी आकर हमें जगा देते और अपने प्रेरक विचारों का साझा करते। वह तो रात को देर तक पढ़ते रहते थे।

यह छोटी-छोटी 'बातें', उसको जोशीला रखती और प्रेरणा प्रदान करती।

काफी कच्ची उमर से ही किरन की समझ में आ गया था कि यदि किसी की सहायता करनी हो तो प्रभावशाली रूतबा प्राप्त करना जरूरी है। एक दिन हमारी दूधवाली स्त्री रोते हुए आई - क्योंकि उसके पति को पुलिस ने एक इलजाम में गिरफ्तार कर लिया था।

बापू जी! मेरा पति निर्दोष है। कृपया उसे बचाएं।

किरन ने देखा कि उसके पिता ने एरिया ऑफिसर को फोन लगाया।

ऑफिसर! यह आदमी निर्दोष हैं। कृपया सुनिश्चित करें कि उसके साथ कोई नाइंसाफी न हो।

हे भगवान! मुझे ऐसा बनाओ कि मैं अपने प्रभाव से परेशान लोगों की सहायता कर सकूं।

...और काम बन गया। शाम होते-होते उस स्त्री का पति वापस घर आ गया।

दूसरी घटनाएं जिन्होंने हमें प्रभावित किया था, शादियां थी। जब हमने डैडी से पूछा कि इतना वैभव प्रदर्शन क्यों है कि हर तरफ कीमती घरेलू चीजें दिखाई गई हैं, तो उन्होंने बताया कि यह दहेज का समान है जो वर और उसके परिवार ने मांगा है।
क्या हर लड़की की शादी इतने कीमती सामान देकर ही हो पाती है।
हां बेटा! यह वह परिवार करने पर मजबूर होते हैं जो वर पक्ष की मांगें मानते हैं और जिनकी कन्याओं में विरोध करने का साहस नहीं होता।
मां-हमें घर वापस ले चलो। मुझे यहां कुछ भी अच्छा नहीं लग रहा। यहां पर हमारी खाना खाने की बिल्कुल भी इच्छा नहीं है।
उस रात किरन तो सो भी नहीं सकी..., उसे चिन्ता थी क्या यही उसके साथ भी होगा। वह भी तो एक लड़की है।
सो जा किन्नी बेटा! चिन्ता मत कर... यह सब तेरे साथ नहीं होने वाला- न तेरी बहनों के साथ होगा। तुम लोगों की परवरिश अलग तरह से हुई है। तुम लोग तो देने वाली बनोगी, पाने वाली नहीं।

स्कूली दिनों से ही किरन को सही-गलत की समझ थी। उसके फैसले सही होते थे।
किरन, क्योंकि तुम गणित में कमज़ोर हो इसलिए हम तुम्हें साइंस नहीं, घरेलू अध्ययन के विषय दे सकते हैं।
घरेलू अध्ययन के विषय। कदापि नहीं। ऐसा होगा तो मैं स्कूल ही बदल लूंगी।
मम्मी! मुझे अपना स्कूल बदलना है - वे लोग तो यहां मुझे घरेलू अध्ययन का विषय देना चाह रहे हैं, साइंस नहीं।
ठीक है, बेटा! मुझे मालूम है कि तुम्हारी चाह बड़ी स्पष्ट है।
CAMBRIDGE COLLEGE
किरन तो सदा स्पष्ट विचारों वाली रही है... तो उसने दूसरे स्कूल में दाखिला लिया जहां उसने साइंस के साथ हिन्दी का विषय लेकर डबल प्रोमोशन पाया और अपने वरिष्ठों के मुकाबले एक साल कम में आगे बढ़ गई।

11

एक दिन टेनिस खेलते हुए उसे लगा कि बड़े बाल काफी असुविधा पैदा करते हैं - खास तौर पर गर्मियों में। किरन व्यावहारिक-बुद्धि वाली थी।

उसने बड़े सलीके से मम्मी से इसकी अनुमति चाही। मम्मी हमारे साथ रोज शाम को टेनिस कोर्ट में आती थी।

मैं तो चाहती हूं इन लम्बे बालों से मुक्ति पाऊं-यहां आंखों पर पड़ते रहते हैं।

ममा! क्या मैं अपने बाल कटवा लूं इनसे बड़ी परेशानी होती है।

ठीक है बेटा... कटवा लो।

DOGRA
Hair Dresser AMRITSAR

किरन ने जल्दी से सड़क पार की और अपने पिताजी के हेयर ड्रेसर से बाल काटने को कहा

डोगरा जी ने उस स्टाइल में बाल काट दिए जो उन्हें आता था...'ब्वाय कट! (लड़कों जैसे)

पतलून पहनकर तो किरण बिल्कुल लड़कों जैसी लगती थी और लड़कियों के लिए खतरनाक स्थिति में वह लड़का लगने के कारण साफ निकल जाती।

ओए! तू लड़का है कि लड़की

तेरी आंखें हैं या बटन?

ताकत और लिंग भेद के कारण होने वाली दुर्भावना से किरन को बड़ी चिढ़ होती थी। उसे याद है कि इन्हीं कारणों से सेक्रेटरी के ऑफिस से रेल यात्रा की छूट लेने के लिए घंटों इंतजार करना पड़ता था।

पंजाब स्टेट लॉन टेनिस एसोसिएशन

यह दुर्भावना वहीं तक सीमित नहीं थी। लड़की होने के कारण लड़कों के मुकाबले टेनिस खेलने के लिए बहुत कम भत्ता मिलता था। अन्याय को कभी न बर्दाश्त करने वाली किरन ने कड़ा विरोध किया और अंततः लड़कियों को भी बेहतर भत्ता दिलवाकर ही दम लिया।

किरण तो कोई भेदभाव बर्दाश्त ही नहीं कर सकती - किसी भी कीमत पर।

ममा! वे मुझे इंतजार करवाते हैं और बराबरी का पैसा भी नहीं देते।

ये है ममा...जो आपने मुझे पैसे दिए थे उनसे मैंने बचाए हैं।

बेटा... इन स्थितियों से सीख लो। याद रखना... जब तुम बड़ी हो जाओ तो इन लोगों जैसा कभी मत बनना। अपनी अलग छवि रखना।।

मेरी बेटी! तू हमेशा यही करती है... तू कभी न समय बर्बाद करती है न पैसे।

जहां अन्य लड़कियां अपने समाज में घुसने की तैयारी यथा शादी आदि के लिए व्यस्त रहतीं, किरन खुद को हरफनमौला बनाने की पृष्ठभूमि तैयार कर रही थी, जो वह बनी भी।

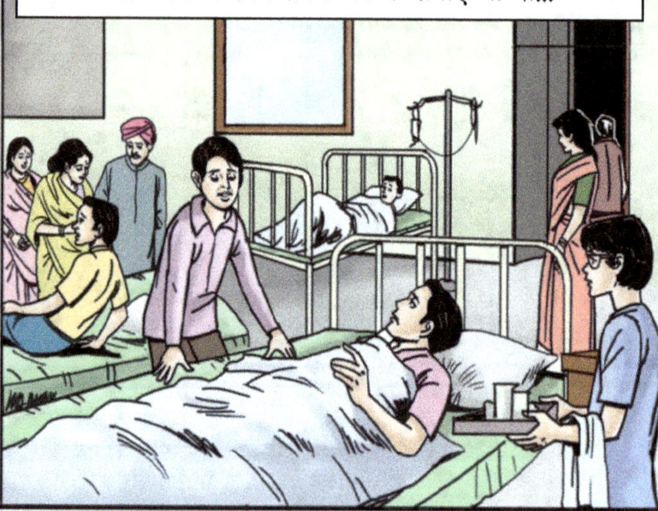

उसने भारत पाक के सन् 65 के युद्ध में खून भी दान किया और अस्पतालों में स्वयं सेवक बन के सेवाएं भी दीं...

और वाद-विवाद प्रतियोगिताएं भी जीतीं भाषण प्रतिस्पर्धाएं भी।

वह विद्यार्थी परिषद में प्रतिनिधि भी बनीं।

और एथलेटिक्स में भी खूब जम के भाग लिया।

...उसने कई प्रकार के खेलों में तमगे-ट्रॉफी हासिल किए।

...वह नेशनल कैडेट कॉर्प (एन सी सी) की बेस्ट कैडेट चुनी गई।

कॉलेज के ड्रामा इत्यादि में भी भाग लिया...

और कॉलेज में सर्वोत्तम आलराउण्डर की ट्रॉफियां भी हासिल कीं।

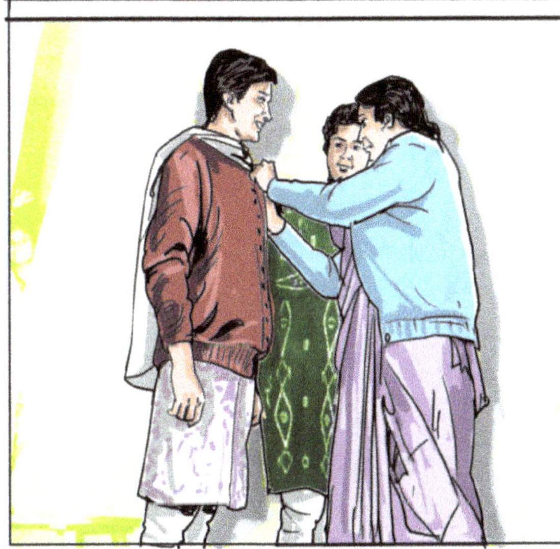

किरन हर जगह कामयाब थी।

A.I. GIRLS' LAWN TENNIS 1967.

Miss Kiran Peshawria Wins Singles Title

From Our Correspondent

AMRITSAR, Feb. 4 — Carmichael (Australia) and Elsenbroich (Germany) today entered the singles final of the Punjab Lawn Tennis Championships beating Orlander (Sweden No. 2) and Mahrouk Ali (UAR) 6-3, 6-8, 6-4, 6-3 and 6-4, 6-4, 6-4, 9-7, respectively.

Miss Kiran Peshawria won the singles final of the All-India National Girls' Lawn Tennis Championships beating Miss Shobha Pawar 6-2, 6-3. Incidentally, it was wrongly reported in yesterday's results that Miss Kiran Peshawria had beaten Miss Rita Surayya. Actually, Miss Surayya beat Miss Peshawria 5-7, 6-4, 7-5 in the women's singles semi-finals.

Punjab girls retain Varsity Tennis title

BANGALORE, December 16

Kiran Peshawaria Whips Yugoslav Girl To Win Title

NEW DELHI, Dec. 13 (UNI, PTI)—Top-seeded Kiran Peshawaria, of Punjab, won the women's singles title in the Delhi State Lawn Tennis Championships when she whipped Irena Skaja, of Yugoslavia, 7-3, 6-4 here today.

KIRAN PESHAWARIA

चूंकि हम सब बहनें सदा सफेद निकर और सफेद बुश्शर्ट में ही टेनिस मैचों में भाग लेने जाती थीं, इसलिए हमें एक मजाकियां शीर्षक दिया गया था- 'पंजाब ब्रदर्स'

शाबास 'पंजाब ब्रदर्स'।
'दि पंजाब ब्रदर्स' प्रान्त के लिए गर्व और हर्ष का कारण बन गया था।
खास तौर पर जब ऑल इंडिया इन्टर यूनिवर्सिटी वीमेंस टेनिस चैम्पियनशिप की ट्राफी उत्तर से हमारे प्रान्त में आई - तीन लगातार विजयों के बाद - पहली बार विशाखापतनम से 1968 में, फिर बंगलोर से 1969 में और तीसरी बार जबलपुर से 1970 में।

''यह आकाशवाणी है। आज के खेल समाचार हैं, पंजाब यूनिवर्सिटी ने इस वर्ष भी टेनिस खिताब अपने पास ही कायम रखा जब पेशावरिया बहनों ने कर्नाटक यूनिवर्सिटी को एक कांटे की मैच में हराया।
उन दिनों के रेडियो ही तुरंत समाचार पाने का एक मात्र साधन होते थे - उसके बाद ही अखबारों और धीमी गति वाली डाक व्यवस्था का नम्बर आता था।
काफी युवा आयु में इन चैम्पियंस ट्रॉफियों को जीतने से किरन एक मशहूर स्पोर्ट्स हस्ती बन गई थी।
उसने अपना पहला ऑटोग्राफ एक युवा लड़की को देते हुए लिखा था: 'अपने जीवन में असाधारण बनो।'
उसे क्या मालूम था कि वह लगातार अपने इस विचार को आने वाले वर्षों में चरितार्थ करती रहेगी जब मुकाबले और जीवट वाले होते जाएंगे।
अपने जीवन में असाधारण बनो -किरन पेशावरिया।
Be Extra Ordinary in your life
Kiran Peshawaria

जब इन मैचों के कारण तुम्हें अपने क्लास मिस करने पड़ते हैं तब तुम अपनी पढ़ाई का कोर्स कैसे पूरा कर पाती हो।
मैं यात्रा के दौरान अपने साथ किताबें ले जाती हूं और शाम को मैचों के बाद उनको पढ़ती हूं। तब भी मैं इम्तहानों में तैयारी के साथ जाती हूं।
क्या आप टेनिस पेशेवर तौर पर खेलेंगी।
टेनिस तो एक पारिवारिक खेल है जिसमें आल राउण्डर होना जरूरी है। वैसे मैं तो सरकार में जाना चाहूंगी।
बेटा, अकेले यात्राएं करते समय तुम्हें भय नहीं लगता
नहीं आंटी! मेरी परवरिश ने मुझे बहादुर बनाया है।
दुनिया में तुम सबसे ज्यादा किसकी प्रशंसक हो
मार्टिन लूथर किंग और इंदिरा गांधी की।
अपने खाली समय में आप क्या करती हैं
अपनी बहनों के साथ साइकिल पर घूमती हूं और अपने प्रिय चाट वाले से लेकर गोल गप्पे खाती हूं।
जीवन में आपका आदर्श वाक्य क्या है
अपने मां-बाप को गौरवान्वित महसूस कराना।

कॉलेज से स्नातक की डिग्री प्राप्त करने के बाद किरन ने अगला कार्यक्रम बनाया:

मामा! मैं पॉलिटीकल साइंस में एम.ए. करना चाहती हूं। मुझे उसके लिए चंडीगढ़ जाना होगा और वाइस चांसलर, श्री सूरज भान जी से मिलना होगा यह देखने के लिए कि वे मुझे स्कॉलरशिप देंगे या नहीं।
जाओ बेटा जीत कर आना!
पंजाब यूनिवर्सिटी तो आपको पढ़ाई और स्पोर्ट्स में स्कॉलरशिप देकर गौरवान्वित महसूस करेगी। हमारे लिए भी ऐसा, पहली बार करना होगा क्योंकि अभी तक हमारा कोई विद्यार्थी इन दोनों क्षेत्रों में प्रथम स्थान प्राप्त नहीं कर पाया है।

वहां दाखिला लेने के बाद किरन 'फ्लाइंग सिख' मिल्खा सिंह और उनकी पत्नी निर्मल से मिली। तब मिल्खा सिंह यूनिवर्सिटी में डायरेक्टर ऑफ स्पोर्ट्स थे।

हम दोनों को तुम पर गर्व है - यह है स्पोर्ट्स के सामान रखने का कमरा। तुम जितने चाहो उतने टेनिस रैकेट और गेंदें यहां से ले जा सकती हो। बतौर पंजाब यूनिवर्सिटी के स्पोर्ट्स डायरेक्टर मैं यह सुनिश्चित करूंगा कि अभ्यास करने के लिए तुम्हारे पास खेलकूद के सामान की कोई कमी न रहे।

यूनिवर्सिटी में किरन अपने काम में दत्तचित्त रही। सदा सीखने को तत्पर किरन ने हर अवसर का भरपूर लाभ ही नहीं उठाया वरन् स्वयं भी कई अवसर पैदा किए - उसका दिन सदैव अपनी प्रिय दुकान से दूध और केले का नाश्ता प्राप्त करने से प्रारंभ होता था...।

पहली बार किरन घर से दूर एक हॉस्टल में रह रही थी। वहां उसने सीखा कि कैसे अपने संसाधनों का समुचित उपयोग करना चाहिए। वहीं उसने सीखा कि सुई धागे से कैसे अपनी स्कर्ट को सिए।

उसने कॉलेज के समारोहों में भी खूब मजे किए... उसको ऐसे अवसरों का बहुत शौक था।

नींद न आ जाएं ... अत: बाहर निकलकर पढ़ती

एथलेटिक इवेंट्स में भी खूब भाग लेती थी।

उसने दिल्ली में हुए कॉमनवेल्थ एक्सचेन्ज ऑफ स्टूडेंट्स में पंजाब यूनिवर्सिटी का प्रतिनिधित्व भी किया।

CAMPUS GIRL BAGS 'DOUBLE' IN DELHI TENNIS

Kiran Peshawaria, a student of this campus won a double crown in the Delhi Hard Court Tennis Championships held recently at the NSCI Courts from October 12—20.

In the Ladies singles, Kiran had no difficulty in putting it past Manju Gupta at 6—3, 6—4. For Kiran it was sweet revenge as she had been beaten earlier by Manju Gupta in the National Championship.

"I had gone to Delhi, determined to win the Championship", says Kiran, a regular and familiar figure on the Campus Tennis Courts. Her short hair muffled by the stiff breeze that blew across the court, a wide grin on her face, Kiran said that she was very happy that she had won.

वह अमृतसर की पहली लड़की थी जो लूना मोपेड चलाती थी।

एक युवा शिक्षिका होने के कारण उसने पुराने ढर्रे को बदला और विद्यार्थियों को खुद अपना टीचर बनने को प्रेरित किया... इससे उन लोगों का आत्मविश्वास भी बढ़ा।

एक बार फिर उसके काफी प्रशंसक हो गए... उसके साथियों को उत्साह जंचता था और उसके विद्यार्थी तो उसे अपना रोल-मॉडल (आदर्श) मानने लगे थे। वह एक आलराउन्डर थी जो अपनी सिविल सर्विसेज परीक्षा के लिए तैयारी भी कर रही थी और कॉलेज में पढ़ा भी रही थी। फिर भी उसने टूर्नामेंटों में भाग लेना कभी नहीं छोड़ा।

मैम। आप एक साथ सब कुछ कैसे कर लेती हैं
मेरी प्रकृति ही ऐसी है.. मैं बड़ी भी ऐसे ही माहौल में हुई जहां कई काम एक साथ किए जाते थे।
मैम! हमने सदा आपको पतलून में ही देखा है। क्या कभी आपने साड़ी भी पहनी है
मैं ज्यादातर बाहर रहती हूं या खेलती रहती हूं या साइकिल चलाती रहती हूं। ऐसे सक्रिय जीवन में पतलून में ज्यादा सुविधा रहती है। इसलिए अभी तक साड़ी नहीं धारण की।
यदि आपको विदेश जाने का मौका मिला तो आप जाना चाहेंगी
घूमने-फिरने को जरूर पर बसने को कभी नहीं। मैं तो अपने देश की सेवा करना चाहती हूं।
हमने सुना है कि आप सिविल सर्विस के इम्तहान की तैयारी कर रही हैं। तो आप कौन-सी सेवा में जाना चाहेंगी।
मेरी पहली रुचि तो आई पी एस है क्योंकि यह वह सेवा है जो तुरंत न्याय दिलवाती है है।
आपका, आदर्श पुरुष कौन है?
वह जो समझता है कि शादी एक बराबर का सम्बन्ध है।
आपके लिए पैसे का कितना महत्व है
उतना ही जिससे यह जरूरत पूरी कर दें। ज्यादा पैसे को सदैव साझा करना चाहिए।

1972 किरन के लिए बड़ा महत्वपूर्ण वर्ष था। साल की शुरुआत उसने फरवरी में एशियन टेनिस खिताब जीत कर की फिर मार्च में उनकी शादी हुई और जुलाई में वह आई पी एस में आ गई।

1. FIGHT FIGHT FIGHT
2. Determination - Presence of Mind - Positive Attitude
3. THAT LITTLE EXTRA
4. Concentration - Anticipation - Early Running - Early Swing - Early Position
5. Energy Like A Million Batteries
6. yet Cool - Cool and Thoughtful
7. TAKE YOUR TIME - FOLLOW THROUGH
8. BEND - BEND - BEND
9. Relaxed Limbs
10. Stroke High For GOOD LENGTH
11. ALWAYS KEEP OPPONENT OUT SIDE THE BASELINE
12. PASS VERY CALMLY DOWN THE LINE OR LOB WELL
13. SERVE - THROW - SWING WELL - BODY WEIGHT - OVER THE SERVICE LINE

ALWAYS BRING A PROPER SWING - FOLLOW THROUGH
RALLY - RALLY - RALLY HIGH
AVOID THE NET - AVOID GERK
GET NEAR AND UNDER THE
BALL - BEND - BEND - BENT
KEEP IN MIND THE COOL
AND STROKING PICTURE
OF KRISH IN MIND -
PLAY ALL COURT GAME
REMEMBER YOU YOURSELF
HAVE PLAYED AND WON GREAT
FINALS WHICH HAVE BEEN
ACKNOWLEGED NEAR WORLDCLSS
GOOD LUCK AND
MY BLESSINGS ARE WITH YOU

DOUBLES CROWN FOR AMRITHEAJ BROTHERS

Kiran Peshawaria Is Asia
Women's Tennis Champion

POONA, February 12 (UNI, PTI)—Top-seeded Kiran Peshaw
emerged as the women's champion in the Asian Tennis Tournament
feating the No. 2 seed Susan Das 6-2, 6-0 here today.

KIRAN PESHAWARIA

चैंपियनशीप जीतने के बाद
किरन अपने प्रसन्नचित्त और
गर्वीले पिता के साथ।

किरन को प्रेम करने के लिए भी समय मिला–... टेनिस ही उसे अपने होने वाले पति से मिलाने का माध्यम बना।
वह आदमी जिसने किरन का दिल जीता एक साथी टेनिस प्लेयर ही था, ए सी सर्विस क्लब का सदस्य।

किरन और ब्रिज मार्च 1972 में शादी के बन्धन में बंध गए।
शादी एक मंदिर में हुई जिसमें दोनों पक्षों ने आशीर्वाद दिया।
दहेज बिल्कुल नहीं दिया...लिया गया। मित्रों और रिश्तेदारों
के लिए एक संयुक्त रिसेप्शन दिया गया जिसके खर्चों का
किरन और ब्रिज दोनों ने साझा किया।

जुलाई 1972 में तो किरन ने इतिहास ही रच दिया। वह इंडियन पुलिस सर्विस की अधिकारी बनी और ऐसा करने वाली वह प्रथम भारतीय महिला थी।

किरन और उसके साथियों की ऑल इंडिया सिविल सर्विसेज में फाउण्डेशन कोर्स की ट्रेनिंग चली। एकेडमी में आने के महीने भर बाद किरन को बुलावा आया - उसे तब के केन्द्रीय गृहमंत्री से मिलना था।

किरन: तुम्हें दिल्ली बुलाया गया है। वहां तुम्हें गृहमंत्री से मिलना है।

अच्छा

किरन ने इस बारे में अकादमी के अपने मित्रों को बताया।

अपना मन मत बदलना। हम तुम्हें प्रथम आई पी एस महिला के रूप में देखना चाहते हैं।

तुम क्या सोचती हो... मैं ऐसा करूंगी कभी नहीं.. कदापि नहीं।

किरन, तुम जानती ही हो कि आई पी एस में हमने कभी महिलाओं को नहीं रखा है... क्योंकि यह काम बड़े जीवट का है। क्या तुम इस पर पुन: विचार करना चाहोगी

नहीं सर! में तो केवल इंडियन पुलिस सर्विस ही चाहती हूं और उसके लिए मेरी रुचि स्पष्ट एवं अटल है।

K.C. PANT

नेशनल पुलिस एकेडमी, माउंट आबू, राजस्थान में बतौर ट्रेनी की यह उसकी पहली तस्वीर है।
चूंकि वह पहली महिला पुलिस अफसर थीं, तो मीडिया ने उसका इंटरव्यू लिया।
तुम इंडियन पुलिस सर्विस ही क्यों ज्वाइन करना चाहती हो जब कि तुम्हारे पास अन्य विकल्प भी हैं
मेरे लिए पुलिस के काम का मतलब उस ताकत को प्राप्त करना जो गलत को तुरंत सही कर सके... तुरंत सुधार कर सके और तुरंत न्याय दिलवा सके। यही मेरा मिशन है।
चूंकि तुम पहली महिला ऑफिसर कैडेट हो इसलिए वे तुम्हारे लिए नई यूनिफॉर्म बना रहे हैं।
मुझे वही आदमियों वाली ड्रेस पहनने में कोई ऐतराज नहीं। वैसे भी मैं ज्यादातर ट्रैक सूट और एन सी सी यूनिफॉर्म ही पहनती रही हूं।
तुम्हारे रहने के क्वाटर्स कहां होंगे
जैसे मैं टेनिस खेलते समय डार्मिटरीज साझा करती रही हूं, वैसे ही मैं अब अपने वरिष्ठों के साथ बैठकों में भी साझा कर लूंगी।
आउटडोर ट्रेनिंग के लिए तुम्हारे लिए एक नया प्रोग्राम डिजाइन किया जा रहा है।
पर क्यों ऐसी ट्रेनिंग तो चुस्त और दुरुस्त रहने के किए मैं हमेशा से करती रही हूं। जब टेनिस के प्रतिस्पर्धात्मक मुकाबलों में भाग लेती थी।

किरन अपने पति ब्रिज के साथ एकेडमी में

INDIAN GIRLS BEAT SRI LANKA

COLOMBO, Aug 28.—India swept to an unbeatable 3-0 lead on the opening day of their inaugural women's tennis tie against Sri Lanka here yesterday, says PTI.

Indian women won both singles matches and the doubles event in straight sets.

Mrs Kiran Bedi began the spell of success for India when she defeated Miss Mala Fernando 6-2, 6-4.

Mrs Bedi carried far too many strokes and power for the local girl who got closest to challenging the Indian girl in second set when she pulled up to 4-5 after being down 1-4.

Miss Udaya Kumar then defeated Miss Srima Abeygoonawardena 8-6, 6-2.

In the doubles the attacking combination of Mrs Susan Das and Miss Udaya Kumar whipped the Sri Lanka pair Mrs Wendy Molligoda and Oosha Chanmugam 6-3, 6-1 in 35 minutes.

जम्मू-कश्मीर में ट्रेनिंग के दौरान फौजियों के साथ किरन।

किरन और उनके साथी जब भारत दर्शन के दौरान दिल्ली आए तो वे तत्कालीन भारतीय राष्ट्रपति श्री वी.वी. गिरी से मिले।

ट्रेनिंग के बाद किरन दिल्ली पुलिस में शामिल हुई और उन्हें 26 जनवरी, 1975 गणतंत्र दिवस की परेड में दिल्ली पुलिस की टुकड़ी के नेतृत्व करने का मौका मिला।

परेड के बाद किरन को कलेजे लगाती हुई उनकी गर्वीली मां।

सितम्बर 1975 में किरन एक सुन्दर कन्या की मां बन गई।

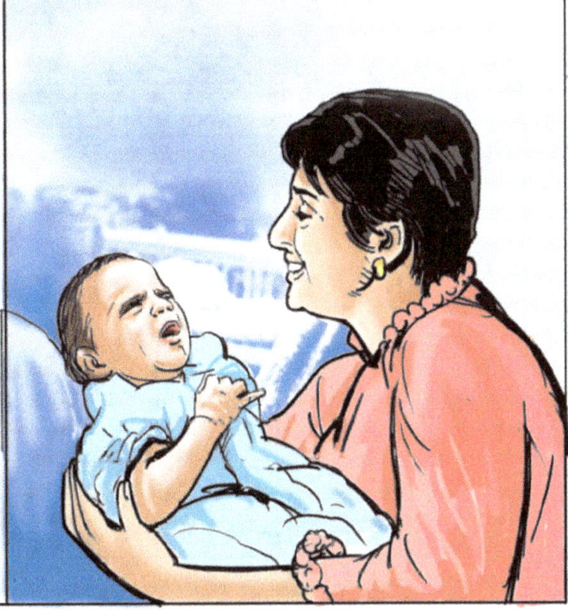

श्रृंखला के अगले अंक में

किरन बेदी : टॉप कॉप के रूप में गुजरे साल।

सन् 1979 में इंडिया गेट पर दंगे को सफलतापूर्वक नियंत्रण करने पर 'वीरता के लिए राष्ट्रपति पदक' मिला

सन् 1982 में नौवें एशियन गेम्स के दौरान यातायात को नियंत्रित करती हुई दिल्ली यातायात पुलिस निरीक्षक के पद पर कार्यरत किरन बेदी।

सन् 1994 में मनीला में रैमन मैग्सैसे पुरस्कार प्राप्त करती हुई, जो एशिया के नोबेल पुरस्कार के बराबर है।

इंस्पेक्टर जनरल-तिहाड़ जेल।

सन् 2003-2005 में 'शांति अभियान' के दौरान यूनाईटेड नेशंस (न्यूयॉर्क में) सेक्रेटरी जनरल पुलिस परामर्शदाता के रूप में।